Die Sonne Gudrun
Streit um das Wetter

von
Astrid Listner

Illustriert von
Susanne Auschill

Astrid Listner
Die Sonne Gudrun - Streit um das Wetter,
Sonnige Lese- und Vorlesegeschichten, Bd. 1,
Illustriert von Susanne Auschill

Creative-Story
Safferlingstr. 5 / 134
D-80634 München
Tel.: +49 (0)89 / 12 11 14 66
Fax: +49 (0)89 / 12 11 14 68
info@creative-story.de
www.creative-story.de

Cover-Design, Layout und Satz:
Creative-Web-Projects, München

ISBN: 978-3-95964-000-8

Rechtliche Hinweise
Inhalte des Buches unterliegen dem gesetzlichen Urheberrechtsschutz.
Vervielfältigung und Weitergabe der Inhalte sind nur nach vorheriger
Genehmigung durch den Verlag zulässig.

Danksagung der Autorin
Mein besonderer Dank gilt meiner Lektorin, Verlegerin und guten Freundin. Danke, für
deine schöpferische Kraft, deine Hartnäckigkeit und deine aufrichtige Freundschaft.

Für Mom & Dad

Die Sonne Gudrun

Ein neuer Tag beginnt.

Die Sonne Gudrun wacht auf. Sie reckt und streckt sich und schaut neugierig über die Hügel.

Voller Vorfreude auf den heutigen Tag breitet sie ihre Strahlen aus. Sie richtet ihre Strahlen auf die Felder, Wiesen und Wälder.

Es soll ein schöner Sonnentag werden. Dafür will Gudrun sorgen, schließlich braucht die Erde Licht und Wärme. Denn dann singen die Vögel am Himmel, die Hasen hüpfen über die Felder und die Bienen summen ihr Lied.

Doch da? Was ist das auf der Erde? Große Schatten ziehen über die Felder.

Oh nein! Die Wolke Florian nähert sich und hüllt Gudrun ein. Sein Wolkenbart kitzelt Gudrun in der Nase. Sie niest.

„Hey, was soll denn das?", schimpft Gudrun. „Warum tust du das immer? Ständig nimmst du mir mein Licht und hinderst meine Sonnenstrahlen daran, sich auszubreiten. Die Natur braucht aber mein Licht und meine Wärme. Sie sind wichtig für die Erde, damit die Pflanzen wachsen und die Tiere Nahrung finden."

„Ach, lass mich doch in Ruhe", mault Florian. An diesem Tag ist er besonders schlecht gelaunt. „So wichtig bist du nicht. Niemand braucht deine Hitze. Du machst die Luft viel zu warm. Ich lasse es regnen und sorge damit für Abkühlung. Ich bringe der Erde Wasser. Ohne Wasser gibt es kein Leben auf der Erde."

„Meine Wärme lässt aber die Pflanzen wachsen", antwortet Gudrun. „Mein Licht bringt jeden dazu, den Tag mit einem Lächeln zu beginnen."

Aber Florian ignoriert Gudruns Einwand und schiebt sich vor sie.

„Geh weg", jammert die Sonne vergeblich.

Jakob der Wind gesellt sich zu Gudrun und Florian.
„Seid ihr beiden schon wieder am Streiten? Gibt es denn keinen Tag, an dem ihr euch nicht in den Haaren liegt?"

„Er hat angefangen." „Sie hat angefangen", erwidern Gudrun und Florian gleichzeitig.

„Immer das Gleiche mit euch beiden", seufzt Jakob. „Dabei seid ihr unersetzlich. Du bist unsere tägliche Begleiterin, Gudrun.
Deine Wärmestrahlen und dein Licht sind wichtig, denn ein Tag ohne dich ist nicht vorstellbar. Es würde den Tagesablauf von allen durcheinanderbringen, wenn es dich nicht gäbe. Und es würde sehr, sehr kalt auf der Erde werden. Deine Energie versorgt uns mit Wärme und Licht und bringt Leben."

Gudrun strahlt übers ganze Gesicht. Sie freut sich über Jakobs Worte.

Florian schmollt und verdreht genervt die Augen. Sein Mund wird schmal. Er kneift die Augen zusammen.

„Aber auch du bist wichtig für die Natur, Florian", wendet sich Jakob nun an die Wolke. „Dein Schatten bringt der Erde Abkühlung. Wenn du es regnen lässt, versorgst du die Tiere und die Pflanzen mit Wasser. Du bringst Abwechslung an den Himmel und zeichnest Schäfchenwolken, buckelförmige oder spitze Wolken, aber auch weiße Schleier und Nebel. Und du bist der Vorbote für Veränderungen des Wetters und kündigst deine großen Brüder Schnee und Hagel an."

Florian fühlt sich vom Lob des Windes geschmeichelt und ist nun nicht mehr ganz so schlecht gelaunt.

„Ihr beide seid wichtig für die Natur, für die Pflanzen und für die Tiere", fährt Jakob fort. „Ihr seid Teil eines großen Kreislaufs."

„Siehst du", sagt Gudrun. „Ich bin wichtig."

„Aber nicht so wichtig wie ich", mault Florian.

Und schon fängt der Streit wieder an.

Der Wind seufzt. „So kommen wir nicht weiter", denkt Jakob. Aber wie soll er die beiden nur davon überzeugen, dass sie unersetzlich für die Natur sind?

„Ich habe eine Idee", ruft Jakob. Gudrun und Florian schauen Jakob neugierig an.

„Was für eine Idee?" fragt Gudrun.

„Jeder von euch darf drei Tage allein den Himmel für die Erde bestimmen. Du drei Tage, Gudrun, und du drei Tage, Florian. Am Tag danach treffen wir uns dann alle wieder."

Gudrun und Florian freuen sich über den Vorschlag. Sie stimmen freudig zu. Jeder von ihnen will in seinen drei Tagen beweisen, dass er derjenige ist der viel wichtiger für die Natur ist.

Am nächsten Tag wacht Gudrun voller Vorfreude auf. Sie freut sich darüber, dass sie heute einmal nicht von Florian geärgert wird.

Voller Tatendrang steigt sie besonders hoch am Himmel empor. Sie strahlt über das ganze Gesicht und richtet ihre Strahlen ganz sorgfältig auf die Erde. Heute will sie zeigen was in ihr steckt.

Langsam erwacht die Erde zum Leben. Die Pflanzen strecken sich Gudrun entgegen, die Tiere kommen aus ihrem Bau.

Alle sind fröhlich und ausgelassen. „Siehst du, Florian", denkt Gudrun. „Wer will schon Regen, wenn man es mit mir doch so schön und freundlich haben kann."

Zufrieden geht Gudrun am Abend hinter den Hügeln schlafen. Sie ist müde und glücklich.

Am zweiten Tag legt sich Gudrun noch mehr ins Zeug. Aber irgendetwas ist anders als gestern.
Die Tiere sind nicht mehr so ausgelassen und die Blumen lassen ein wenig die Köpfe hängen. Ein kleiner Hase schaut irritiert zum Himmel hinauf und bläht die Backen auf. Er schwitzt.

Gudrun wundert sich, warum die Stimmung heute nicht so fröhlich ist wie gestern. Auch das Wasser im Fluss ist weniger geworden. Aber nein, davon lässt sie sich die Laune nicht verderben und strahlt munter weiter.

Am dritten Tag ist auch Gudruns Laune nicht mehr so unbeschwert. Der Fluss ist ausgetrocknet, die Tiere schwitzen und viele verlassen ihr Zuhause erst gar nicht mehr. Auch die Pflanzen lassen stark ihre Köpfe hängen und das Gras ist ganz gelb geworden.

Gudrun grübelt: „So toll ist es nicht, wenn ich nur alleine am Himmel stehe und mein Licht und meine Wärme ungeschützt auf die Natur treffen." Sie muss sich eingestehen, dass es ein wenig einsam da oben so völlig alleine am Himmel ist. Niemand ist da mit dem man sich unterhalten kann.

Traurig lässt sie sich am Abend hinter die Hügel sinken.

Endlich ist es so weit. Heute darf Florian beweisen was in ihm steckt. Florian schiebt sich grummelnd hinter den Hügeln hervor. Die nächsten drei Tage darf er sich vor Gudrun schieben. Puh, so alleine den Himmel zu bestimmen, das klingt anstrengend und nach viel Arbeit. Aber Florian will schließlich beweisen, dass er viel wichtiger als Gudrun ist. Also legt er los, setzt sich vor Gudrun an den Himmel und lässt es erst einmal regnen.

Langsam steigt das Wasser im Fluss wieder an. Die Pflanzen strecken sich mit ihren Blättern seinen Regentropfen entgegen und stillen ihren Durst. Auch die Tiere genießen die Abkühlung, die ihnen der Regen vom Himmel bringt.

„Ha", denkt Florian. „Da sieht man mal wieder was passiert, wenn ich drei Tage nicht da bin. Schon ist alles vertrocknet und die Natur ächzt unter der Hitze. Durch mich bekommt die Natur Wasser und Abkühlung. Oh, tut das gut. Ich bin ja so viel wichtiger als Gudrun."

Zufrieden beendet Florian seinen ersten Tag allein am Himmel.

31

Am zweiten Tag geht Florian mit noch mehr Elan an die Arbeit. Schließlich lief es gestern wirklich gut. Deshalb hat er über Nacht beschlossen, es heute etwas stärker regnen zu lassen.

Aber da, die Blumen und die Sträucher schützen sich vor der Last des Wassers vom Himmel. Der Fluss ist nach der Trockenheit wieder angestiegen und schön voll. Reicht er etwa an den Bau von Familie Hase heran? Alles auf der Erde ist sehr nass und Florian meint zu sehen, dass sogar die Tiere sich das Wasser aus dem Fell schütteln.

Aber Florian wischt seine Bedenken weg. „Macht nichts. Das bisschen Wasser hat noch niemandem geschadet."

Auch an seinem dritten Tag lässt es Florian wieder kräftig regnen. Der Fluss ist nun sogar über die Ufer getreten. Felder und Wiesen sind mit Wasser bedeckt. Kein Tier ist weit und breit zu sehen. Alle sind in ihren Behausungen geblieben. Familie Hase steht sogar mit den Füßen im Wasser und versucht, ihren Bau vor der Nässe zu schützen. Die Kälte macht den Tieren zu schaffen. Bienen, Schmetterlinge, Vögel und Marienkäfer hat Florian schon eine ganze Weile nicht mehr gesehen.

Florians Laune verschlechtert sich zusehends. Auch wenn er Gudrun beweisen wollte, dass er viel wichtiger ist als sie, wollte er doch niemandem schaden.

Am siebten Tag treffen sich Gudrun, Florian und Jakob wieder.

„Und nun, ihr beiden?! Wie war es so alleine am Himmel zu stehen?"

„Am Anfang war es ganz toll", sagt Gudrun. „Die Tiere waren gut gelaunt und die Pflanzen haben meine Wärme genossen. Aber schon am zweiten Tag haben die Tiere unter der Hitze gestöhnt und die Pflanzen haben ihre Blätter von mir abgewandt. Der Fluss hatte weniger Wasser. Am dritten Tag haben die Tiere unter meiner Hitze gelitten. Es hat ihren ganzen Tagesablauf durcheinandergebracht. Die Blumen haben traurig die Köpfe hängen lassen und der Fluss hatte kein Wasser mehr."

Nach einer Pause fügt Gudrun nachdenklich und leise hinzu: „Es war auch irgendwie einsam am Himmel."

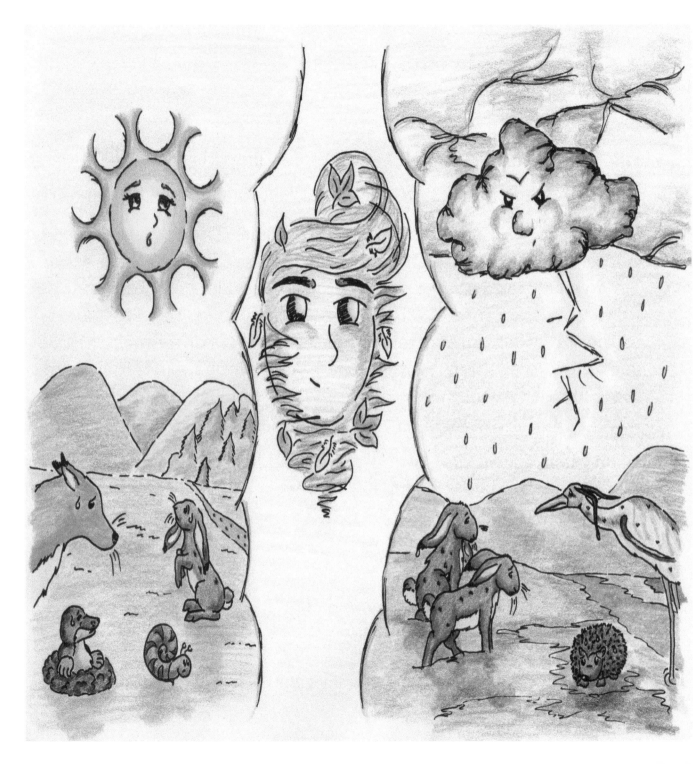

Jakob nickt verständnisvoll. „Und wie war es bei dir, Florian?"

„Es war so viel Arbeit", mault Florian. „Es war so anstrengend. Ich habe es am ersten Tag regnen lassen. Das brachte der Natur Erleichterung. Die Tiere haben sich im Regen gebadet und die Pflanzen ihren Durst gestillt. Der Fluss hatte wieder ein wenig Wasser. Am zweiten Tag war auf der Erde schon weniger los. Das viele Wasser hat die Pflanzen irgendwie gestört und der Fluss war voll. Am dritten Tag war es so nass, dass viele Tiere ihren Unterschlupf nicht mehr verlassen haben. Familie Hase stand sogar im eigenen Bau mit den Füßen im Wasser. Und der Fluss ist über die Ufer getreten. Irgendwie hat es das Leben von allen durcheinandergebracht."

„Seht ihr", sagt Jakob mit einem Lächeln. „Auch wenn ihr so unterschiedlich seid, die Natur braucht euch beide. Nur gemeinsam könnt ihr das Gleichgewicht und die Harmonie herstellen. Nur gemeinsam sorgt ihr dafür, dass es der Natur gut geht, die Tiere einen geregelten Tagesablauf haben und die Pflanzen schön wachsen und gedeihen."

Gudrun und Florian sehen sich nachdenklich an.

Jakob fügt hinzu: „Eure Unterschiedlichkeit ist wichtig für die Natur. Ihr dürft so bleiben wie ihr seid, keine Frage, aber keiner von euch ist wichtiger als der andere. Achtet darauf, dass ihr gemeinsam einen Weg findet wer wann das Wetter bestimmen darf. Denn ihr beide habt eine wichtige Aufgabe am Himmel. Jeder von euch hat seine Stärken und seine Schwächen, und das ist auch in Ordnung. Aber ihr müsst auch lernen, dass ihr nur gemeinsam etwas Gutes erreichen könnt. Denn nur gemeinsam haltet ihr die Natur im Gleichgewicht."

Ende

Kreative Ergänzung für Jung und Alt:

Malbuch - Die Sonne Gudrun
ISBN 978-3-95964-001-5

Fortsetzung der Abenteuer von

Gudrun, Florian und Jakob

in Band 2:

Die Wolke Florian - Warum Freunde wichtig sind
(Sonnige Lese- und Vorlesegeschichten, Bd. 2)
ISBN 978-3-95964-040-4

Malbuch - Die Wolke Florian
ISBN 978-3-95964-041-1

Lightning Source UK Ltd.
Milton Keynes UK
UKHW050246230422
401794UK00006B/47